54 Ejercicios de Tenis para el juego de hoy: Mejore su consistencia y fuerza

Por Joseph Correa

"Este libro le enseñará cómo ser más consistente al añadirle efecto a sus tiros, lo que le dará la confianza para golpear con más fuerza"

DERECHOS DEL AUTOR

Copyright 2016 Finibi Inc

Todos los derechos reservados. Este libro o cualquiera de sus partes no podrá ser reproducido o utilizado de ninguna forma sin el expreso consentimiento por escrito del editor excepto por breves citaciones para reseñas del libro.

El escaneado, subida y distribución de este libro por medio de la Internet o cualquier otro medio sin el expreso consentimiento del editor o autor es ilegal y podrá ser sancionada por la ley. Sólo compre ediciones autorizadas de este libro. Por favor, consulte con su médico antes de entrenar y utilizar este libro.

TABLA DE CONTENIDOS

DERECHOS DEL AUTOR

INTRODUCCIÓN

ACERCA DEL AUTOR

MATERIALES NECESARIOS Y PREPARACIÓN

CAPÍTULO 1: Ejercicios con máquina lanza-pelotas de tenis

1. Golpeando sobre la soga de derecha cruzado

2. Golpeando sobre la soga de revés cruzado

3. Golpeando sobre la soga hasta la línea de derecha

4. Golpeando sobre la soga hasta la línea de revés

5. Golpeando sobre la soga alternando derecha y revés cruzados

6. Golpeando sobre la soga alternando derecha y revés hasta la línea

7. Golpeando por debajo de la soga de derecha

8. Golpeando por debajo de la soga de revés

9. Golpeando por debajo de la soga hasta la línea de derecha

10. Golpeando por debajo de la soga hasta la línea de revés

11. Golpeando por debajo de la soga alternando golpes de derecha y de izquierda cruzados

12. Golpeando por debajo de la soga alternando golpes de derecha y de revés hasta la línea.

CAPÍTULO 2: Ejercicios con pelota viva

SOBRE LA SOGA

13. Sobre la soga 20 pelotas con efecto alto de derecha a carrera con golpe de derecha cruzado (consistencia)

14. Sobre la soga 20 pelotas con efecto alto de derecha a carrera con golpe de revés hasta la línea (consistencia)

15. Sobre la soga 20 pelotas con efecto alto de derecha a carrera con golpe de derecha hasta la línea (consistencia)

16. Sobre la soga 20 pelotas con efecto alto de revés a carrera con golpe de derecha hasta la línea (consistencia)

17. Sobre la soga 20 pelotas con una persona lanzando golpes cruzados mientras que la otra realiza tiros directos a la línea (consistencia figura 8)

18. Sobre la soga 20 pelotas con una persona lanzando hacia la línea mientras que la otra realiza golpes cruzados (consistencia figura 8)

EJERCICIOS BAJO LA SOGA

19. Por debajo de la soga 20 pelotas con golpes de derecha cruzados a golpe de derecha con carrera

20. Por debajo de la soga 20 pelotas de revés cruzado a golpe de revés con carrera

21. Por debajo de la soga 20 pelotas hasta la línea de derecha a golpe de revés con carrera

22. Por debajo de la soga 20 pelotas hasta la línea de derecha a golpe de derecha con carrera

23. Por debajo de la soga 20 pelotas golpe de revés cruzado de costado con carrera

24. Por debajo de la soga 20 pelotas con una persona lanzando tiros cruzados mientras que la otra sólo golpea hasta la línea para crear una figura 8

25. Por debajo de la soga 20 pelotas con una persona lanzando hasta la línea mientras que la otra sólo lanza golpes cruzados para crear la figura 8

EJERCICIOS SOBRE Y DEBAJO LA LÍNEA

26. Una persona golpea de derecha con efecto alto sobre la soga mientras que la otra lanza un golpe de derecha cruzado por debajo de la soga

27. Una persona golpea de revés con efecto alto sobre la soga mientras que la otra lanza un golpe de revés cruzado por debajo de la soga

28. Una persona golpea de derecha con efecto alto sobre la soga mientras que la otra golpea de revés hasta la línea por debajo de la soga

29. Una persona golpea de revés con efecto alto sobre la soga mientras que la otra golpea de derecha hasta la línea por debajo de la soga

30. Una persona golpea de revés con efecto alto sobre la soga mientras que la otra golpea de revés cruzado por debajo de la soga

31. Una persona golpea de derecha con efecto alto sobre la soga mientras que la otra golpea de derecha cruzado hacia adentro y hacia afuera por debajo de la red

CAPÍTULO 3: Ejercicios de puntos

32. Puntos hasta 10 sólo sobre la soga sin saque

33. Puntos hasta 10 sólo por debajo de la soga sin saque

34. Puntos hasta 10 dónde sólo una persona puede tirar sobre la soga mientras que la otra sólo puede lanzar por debajo de la soga sin saque

35. Puntos hasta 10 (con saque) sobre la soga (el saque pasa por debajo de la soga todas las veces a no ser que esté lanzando un tiro con efecto alto o un golpe fuerte)

36. Puntos hasta 10 (con saque) por debajo de la soga (el saque por debajo de la soga todas las veces a no ser que usted esté lanzando un tiro con efecto alto o un golpe fuerte)

CAPÍTULO 4: EJERCICIOS DE PUNTOS NORMALES SIN SOGA

37. Puntos hasta 10 sin saque sólo con golpes de derecha cruzados
38. Puntos hasta 10 sin saque sólo de revés cruzados
39. Puntos hasta 10 sin saque sólo hasta la línea de revés a derecha
40. Puntos hasta 10 sin saque sólo hasta la línea de derecha a revés
41. Puntos hasta 10 con saque sólo de derecha cruzados
42. Puntos hasta 10 con saque sólo de revés cruzados
43. Puntos hasta 10 con saque sólo hasta la línea de derecha
44. Puntos hasta 10 con saque sólo hasta la línea de revés
45. Puntos hasta 10 donde una persona sólo puede lanzar tiros cruzados y la otra sólo puede lanzar hasta la línea sin saque
46. Puntos hasta 10 donde una persona sólo puede lanzar hasta la línea y la otra sólo puede lanzar tiros cruzados sin saque
47. Puntos hasta 10 donde una persona sólo puede lanzar tiros cruzados y la otra sólo puede lanzar hasta la línea con saque

48. Puntos hasta 10 donde una persona sólo puede lanzar hasta la línea y la otra sólo puede lanzar tiros cruzados con saque

49. Puntos hasta 10 sin saque. Complete puntos normales sin seguir ningún patrón de juego.

50. Puntos hasta 10 con saque. Complete puntos normales sin seguir ningún patrón de juego.

51. Juegue un set completo con saque jugando solamente con tiros cruzados mientras su compañero sólo lanza hasta la línea.

52. Juegue un set completo con saque jugando solamente tiros hasta la línea mientras que su compañero sólo lanza tiros cruzados.

53. Juegue un set completo utilizando el patrón de juego que desee.

54. Juegue un partido completo utilizando el patrón de juego que desee.

OTROS TÍTULOS POR JOSEPH CORREA

INTRODUCCIÓN

Los ejercicios de puntos y los ejercicios avanzados de tenis son divertidos y muy entretenidos para los jugadores que los practican. Algunas veces los ejercicios con soga pueden ser difíciles de completar, pero no se desanime. Siga trabajando duro y eventualmente logrará hacerlos correctamente. Este estilo inusual de entrenamiento le ayudará a mejorar su control sobre pelotas altas, pelotas bajas, tiros altos con efecto y tiros bajos de costado con poco o sin efecto. También mejorará su habilidad para dirigir la pelota hacia lugares específicos en la cancha y también logrará ser mucho más consistente. Una vez que complete este entrenamiento se sentirá más completo como jugador de tenis y disfrutará de hacer que sus oponentes trabajen más duro que antes.

Si usted es un principiante o está en un nivel intermedio, aún puede realizar estos ejercicios ya que no sólo lo harán un mejor jugador que lo que ya es ahora, aunque podría sentir que se requiere cierta perseverancia para lograrlo bien.

Todo lo explicado aquí asume que usted es un jugador diestro pero simplemente puede hacer lo opuesto si es zurdo. Fue hecho de esta manera para simplificar las cosas pero puede aplicarse tanto en jugadores diestros como zurdos.

ACERCA DEL AUTOR

Hola, mi nombre es Joseph Correa y he estado entrenando y enseñando tenis por más de 15 años. He jugado al tenis profesionalmente por años y soy ahora entrenador profesional certificado por el USPTR (Registro Profesional de tenis de los Estados Unidos).

Luego de años de competir y entrenar con algunos de los mejores del mundo he aprendido que la mayoría de la gente puede ser muy exitosa en la competencia con un correcto entrenamiento mental, físico y emocional.

Está científicamente comprobado que se deben realizar técnicas, ejercicios y etapas paso a paso para alcanzar su máximo potencial y por esa razón, he preparado el primer grupo de DVDs y libros de entrenamiento que muestran como alcanzar sus objetivos.

Con la ayuda de mi trabajo y enseñanza, he ayudado a que cientos de jugadores de tenis, principiantes y profesionales, avancen en sus objetivos físicos, mentales y de rendimiento para obtener grandes resultados.

Le enseño todo lo que necesita para alcanzar sus objetivos y espero que disfrute y comparta estas lecciones e ideas con aquellos a quienes ama.

Con la mejor de las suertes,

Joseph

MATERIALES NECESARIOS Y PREPARACIÓN

Usted necesitará:

1 cancha de tenis

1 soga lo suficientemente larga para ser atada a ambos extremos de la cancha

Alguien que le lance las pelota y alguien que le devuelva sus tiros para esa parte del entrenamiento.

Preparación:

Mida alrededor de 2-3 pies desde la altura de la red así puede atar la soga a esta altura a ambos lados de la reja (u otro objeto alrededor de la cancha). Tome una regla y mida 2 pies por encima de la altura de la red para jugadores avanzados y 3 pies para lograr una dificultad normal.

54 Ejercicios de Tenis para el juego de hoy: Mejore su consistencia y fuerza

Por Joseph Correa

"Este libro le enseñará cómo ser más consistente al añadirle efecto a sus tiros, lo que le dará la confianza para golpear con más fuerza"

CAPÍTULO 1: Ejercicios con máquina lanza-pelotas de tenis

1. Golpeando sobre la soga de derecha cruzado

En este ejercicio deberá golpear tiros de derecha cruzados sobre la soga con efecto alto o pelotas planas que son lanzadas a usted por alguien más del otro lado de la red. Asegúrese trabajar en la profundidad y el control.

2. Golpeando sobre la soga de revés cruzado

En este ejercicio deberá lanzar reveses cruzados con efecto alto o pelotas bajas sobre la soga que le son lanzadas por alguien más del otro lado de la red. Asegúrese trabajar la profundidad y el control.

3. Golpeando sobre la soga hasta la línea de derecha

Para este ejercicio debería lanzar sobre la soga golpes altos con efecto de derecha hasta la línea y lograr que la pelota aterrice lo más lejos posible dentro de la cancha. Asegúrese de concentrarse en terminar su golpe y usar sus piernas para generar efecto. Este puede ser un gran golpe ofensivo si su oponente tiene un revés débil o tiene problemas con las pelotas de media altura o con las pelotas altas. Los tiros planos están permitidos pero este ejercicio es más efectivo si es realizado con golpes altos con efecto.

4. Golpeando sobre la soga hasta la línea de revés

Para este ejercicio debería lanzar sobre la red un tiro alto con efecto de revés hasta la línea y hacer aterrizar la pelota lo más lejos posible dentro de la cancha. Asegúrese de concentrarse en completar su tiro y usar sus piernas para generar el efecto. Este puede ser un gran tiro ofensivo si su oponente está atacando a su revés y usted necesita hacer que corran con un tiro seguro. Los tiros planos están permitidos pero este ejercicio es más efectivo si se realiza con tiros altos con efecto.

5. Golpeando sobre la soga alternando derecha y revés cruzados

Para este ejercicio usted debería golpear sobre la red con un tiro alto con efecto de derecha cruzado y luego el siguiente tiro con un revés cruzado. Continúe haciendo esto hasta finalizar el ejercicio. Trabaje en mantener la pelota en la parte lejana de la cancha. Asegúrese de completar su tiro y de usar sus piernas para generar el efecto. Este puede ser un gran tiro ofensivo si su oponente no se mueve bien. Los tiros planos son permitidos pero este ejercicio es más efectivo si se realiza con tiros altos con efecto.

6. Golpeando sobre la soga alternando derecha y revés hasta la línea

Para este ejercicio debería lanzar sobre la red un tiro con efecto alto de derecha hasta la línea y el siguiente tiro con su revés hasta la línea. Continúe así hasta finalizar el ejercicio. Trabaje en mantener la pelota en la parte más lejana de la cancha. Asegúrese de completar su tiro y de usar sus piernas para generar el efecto. Este puede ser un gran tiro ofensivo si su oponente no se mueve bien. Los tiros planos están permitidos pero este ejercicio es más efectivo si se realiza con tiros altos con efecto.

7. Golpeando por debajo de la soga de derecha

Para este ejercicio debería lanzar por debajo de la soga con un tiro de derecha cruzado alto con efecto o plano y hacer que la pelota aterrice en la parte más lejana de la cancha. Asegúrese de concentrarse en completar su tiro y usar sus piernas para generar el efecto. Este puede ser un gran tiro ofensivo si su oponente tiene un tiro de derecha más débil que el suyo. Los tiros planos están permitidos pero este ejercicio es más efectivo si es realizado con golpes altos con efecto.

8. Golpeando por debajo de la soga de revés

Para este ejercicio debería golpear por debajo de la soga un tiro de revés cruzado con efecto alto o plano y hacer que la pelota aterrice en la parte más lejana de la cancha. Asegúrese de completar su tiro y usar sus piernas para generar el efecto. Este puede ser un gran tiro ofensivo si su oponente tiene un revés más débil que el suyo. Los tiros planos son aceptados pero este ejercicio es más efectivo si es realizado con tiros altos con efecto.

9. Golpeando por debajo de la soga hasta la línea de derecha

Para este ejercicio usted debería golpear por debajo de la soga de derecha con efecto alto o plano y hacer que la pelota aterrice en la parte más lejana de la cancha. Asegúrese de completar su tiro y usar sus piernas para generar el efecto. Este puede ser un gran tiro ofensivo si su oponente tiene un revés débil. Los tiros planos son aceptados pero este ejercicio es más efectivo si es realizado con tiros altos con efecto.

10. Golpeando por debajo de la soga hasta la línea de revés

Para este ejercicio debería golpear por debajo de la soga un tiro de revés con efecto alto o plano hasta la línea y hacer que la pelota aterrice en la parte más lejana de la cancha. Asegúrese de completar su tiro y usar sus piernas para generar el efecto. Este puede ser un gran tiro ofensivo si su oponente tiene un revés débil en carrera. Los tiros planos son aceptados pero este ejercicio es más efectivo si es realizado con tiros altos con efecto.

11. Golpeando por debajo de la soga alternando golpes de derecha y de izquierda cruzados

Para este ejercicio debería golpear por debajo de la soga un tiro de derecha cruzado con efecto alto y el siguiente tiro de revés cruzado. Continúe de la misma forma hasta completar el ejercicio. Asegúrese de completar su tiro y usar sus piernas para generar el efecto. Este puede ser un gran tiro ofensivo si su oponente no se mueve bien. Los tiros planos son aceptados pero este ejercicio es más efectivo si es realizado con tiros altos con efecto.

12. Golpeando por debajo de la soga alternando golpes de derecha y de revés hasta la línea.

Para este ejercicio debería golpear por debajo de la soga un tiro de derecha con efecto alto hasta la línea y luego el siguiente tiro de revés hasta la línea. Continúe haciendo esto hasta completar el ejercicio. Asegúrese de completar su tiro y usar sus piernas para generar el efecto. Este puede ser un gran tiro ofensivo si su oponente no se mueve bien. Los tiros planos son aceptados pero este ejercicio es más efectivo si es realizado con tiros altos con efecto.

CAPÍTULO 2: Ejercicios con pelota viva

SOBRE LA SOGA

13. Sobre la soga 20 pelotas con efecto alto de derecha a carrera con golpe de derecha cruzado (consistencia)

Para este ejercicio debería lanzar sobre la soga un tiro de derecha cruzado con efecto alto o plano y hacer que la pelota aterrice en la parte más lejana de la cancha. Su compañero o entrenador deberán devolverle tiros de derecha cruzados. Su objetivo será alcanzar intercambio mínimo de 20 pelotas sin fallar. Si falla, deberá comenzar desde cero. Continúe hasta pasar las 20 pelotas siguiendo este patrón de juego. Los tiros planos son aceptados pero este ejercicio es más efectivo si es realizado con tiros altos con efecto.

14. Sobre la soga 20 pelotas con efecto alto de derecha a carrera con golpe de revés hasta la línea (consistencia)

Para este ejercicio debería lanzar sobre la soga un tiro de revés cruzado con efecto alto o plano y hacer que la pelota aterrice en la parte más lejana de la cancha. Su compañero o entrenador deberán devolverle tiros de revés cruzados. Su objetivo será alcanzar un intercambio mínimo de 20 pelotas sin fallar. Si falla, deberá comenzar desde cero. Continúe hasta pasar las 20 pelotas siguiendo este patrón de juego. Los tiros planos son aceptados pero

este ejercicio es más efectivo si es realizado con tiros altos con efecto.

15. Sobre la soga 20 pelotas con efecto alto de derecha a carrera con golpe de derecha hasta la línea (consistencia)

Para este ejercicio debería lanzar sobre la soga un tiro de derecha con efecto alto o plano hasta la línea y hacer que la pelota aterrice en la parte más lejana de la cancha. Su compañero o entrenador deberán devolverle tiros de derecha hasta la línea. Su objetivo será alcanzar un intercambio mínimo de 20 pelotas sin fallar. Si falla, deberá comenzar desde cero. Continúe hasta pasar las 20 pelotas siguiendo este patrón de juego. Los tiros planos

son aceptados pero este ejercicio es más efectivo si es realizado con tiros altos con efecto.

16. Sobre la soga 20 pelotas con efecto alto de revés a carrera con golpe de derecha hasta la línea (consistencia)

Para este ejercicio debería lanzar sobre la soga un tiro de revés con efecto alto o plano hasta la línea y hacer que la pelota aterrice en la parte más lejana de la cancha. Su compañero o entrenador deberán devolverle tiros de derecha hasta la línea. Su objetivo será alcanzar intercambio mínimo de 20 pelotas sin fallar. Si falla, deberá comenzar desde cero. Continúe hasta pasar las 20 pelotas siguiendo este patrón de juego. Los tiros planos

son aceptados pero este ejercicio es más efectivo si es realizado con tiros altos con efecto.

17. Sobre la soga 20 pelotas con una persona lanzando golpes cruzados mientras que la otra realiza tiros directos a la línea (consistencia figura 8)

Para este ejercicio debería lanzar sobre la soga un tiro de derecha cruzado con efecto alto o plano y hacer que la pelota aterrice en la parte más lejana de la cancha. Su compañero o entrenador deberán devolverle tiros a su revés hasta la línea. Ahora deberá lanzar un tiro cruzado a su revés donde él le devolverá un tiro de revés hasta la línea a su derecha. Esta secuencia seguirá. Su objetivo será alcanzar intercambio mínimo de 20 pelotas sin fallar.

Cada golpe a la pelota cuenta como 1. Si falla, deberá comenzar desde cero. Continúe hasta pasar las 20 pelotas siguiendo este patrón de juego. Los tiros planos son aceptados pero este ejercicio es más efectivo si es realizado con tiros altos con efecto.

18. Sobre la soga 20 pelotas con una persona lanzando hacia la línea mientras que la otra realiza golpes cruzados (consistencia figura 8)

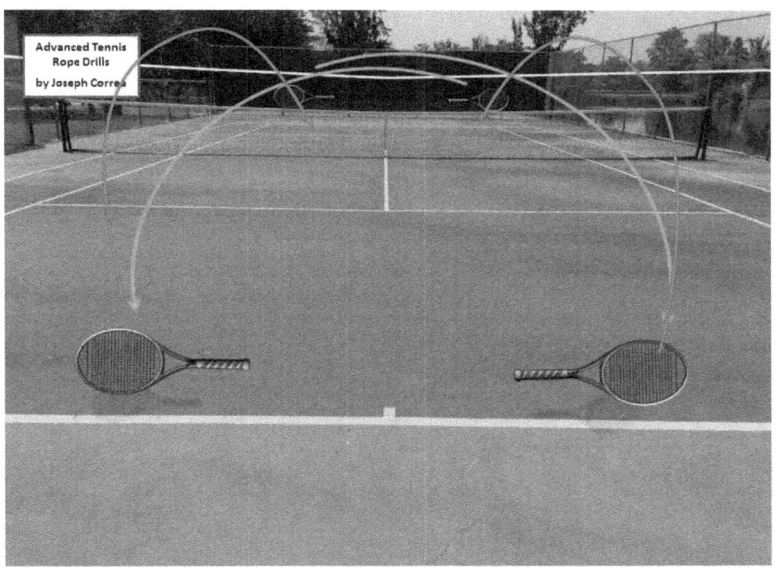

Para este ejercicio debería lanzar sobre la soga un tiro de derecha con efecto alto o plano hasta la línea y hacer que la pelota aterrice en la parte más lejana de la cancha. Su compañero o entrenador deberán devolverle tiros de derecha cruzados a su revés. Usted debe ahora lanzar un golpe hasta la línea a su revés y él le devolverá un tiro cruzado a su derecha. Esta secuencia continuará. Su objetivo será alcanzar intercambio mínimo de 20 pelotas sin fallar. Cada golpe a la pelota contará como 1. Si falla, deberá comenzar desde cero. Continúe hasta pasar las 20 pelotas siguiendo este patrón de juego. Los tiros planos son aceptados pero este ejercicio es más efectivo si es realizado con tiros altos con efecto.

EJERCICIOS BAJO LA SOGA

19. Por debajo de la soga 20 pelotas con golpes de derecha cruzados a golpe de derecha con carrera

Para este ejercicio debería lanzar por debajo de la soga un tiro de derecha cruzado con efecto alto o plano y hacer que la pelota aterrice en la parte más lejana de la cancha. Su compañero o entrenador deberán devolverle tiros de derecha cruzados. Su objetivo será alcanzar intercambio mínimo de 20 pelotas sin fallar. Si falla, deberá comenzar desde cero. Continúe hasta pasar las 20 pelotas siguiendo este patrón de juego. Los tiros planos son aceptados pero

este ejercicio es más efectivo si es realizado con tiros altos con efecto.

20. Por debajo de la soga 20 pelotas de revés cruzado a golpe de revés con carrera

Para este ejercicio debería lanzar por debajo de la soga un tiro de revés cruzado con efecto alto o plano y hacer que la pelota aterrice en la parte más lejana de la cancha. Su compañero o entrenador deberán devolverle tiros de revés cruzados. Su objetivo será alcanzar intercambio mínimo de 20 pelotas sin fallar. Si falla, deberá comenzar desde cero. Continúe hasta pasar las 20 pelotas siguiendo este patrón de juego. Los tiros planos son aceptados pero

este ejercicio es más efectivo si es realizado con tiros altos con efecto.

21. Por debajo de la soga 20 pelotas hasta la línea de derecha a golpe de revés con carrera

Para este ejercicio debería lanzar por debajo de la soga un tiro de derecha con efecto alto o plano hasta la línea y hacer que la pelota aterrice en la parte más lejana de la cancha. Su compañero o entrenador deberán devolverle tiros de revés hasta la línea. Su objetivo será alcanzar intercambio mínimo de 20 pelotas sin fallar. Si falla, deberá comenzar desde cero. Continúe hasta pasar las 20 pelotas siguiendo este patrón de juego. Los tiros planos

son aceptados pero este ejercicio es más efectivo si es realizado con tiros altos con efecto.

22. Por debajo de la soga 20 pelotas hasta la línea de derecha a golpe de derecha con carrera

Para este ejercicio debería lanzar por debajo de la soga un tiro de revés con efecto alto o plano hasta la línea y hacer que la pelota aterrice en la parte más lejana de la cancha. Su compañero o entrenador deberán devolverle tiros hasta la línea a su derecha. Su objetivo será alcanzar intercambio mínimo de 20 pelotas sin fallar. Si falla, deberá comenzar desde cero. Continúe hasta pasar las 20 pelotas siguiendo este patrón de juego. Los tiros planos

son aceptados pero este ejercicio es más efectivo si es realizado con tiros altos con efecto.

23. Por debajo de la soga 20 pelotas golpe de revés cruzado de costado con carrera

Para este ejercicio debería lanzar por debajo de la soga un tiro de costado de revés cruzado y su compañero o entrenador deberán devolverle tiros de costado cruzados. Su objetivo será alcanzar intercambio mínimo de 20 pelotas sin fallar. Si falla, deberá comenzar desde cero. Continúe hasta pasar las 20 pelotas siguiendo este patrón de juego.

24. Por debajo de la soga 20 pelotas con una persona lanzando tiros cruzados mientras que la otra sólo golpea hasta la línea para crear una figura 8

Para este ejercicio debería lanzar por debajo de la soga un tiro de derecha cruzado con efecto alto o plano. Su compañero o entrenador deberán devolverle tiros hasta la línea a su derecha. Ahora usted les lanza un tiro cruzado a su revés donde ellos devolverán un tiro hasta la línea a su derecha. Su objetivo será alcanzar intercambio mínimo de 20 pelotas sin fallar. Cada golpe de pelota cuenta como 1. Si falla, deberá comenzar desde cero.

Continúe hasta pasar las 20 pelotas siguiendo este patrón de juego. Los tiros planos son aceptados pero este ejercicio es más efectivo si es realizado con tiros altos con efecto.

25. Por debajo de la soga 20 pelotas con una persona lanzando hasta la línea mientras que la otra sólo lanza golpes cruzados para crear la figura 8

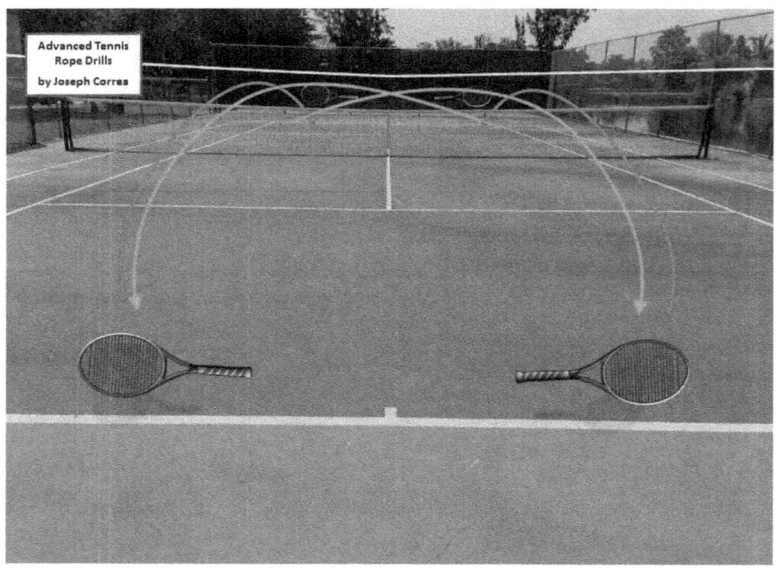

Para este ejercicio debería lanzar por debajo de la soga un tiro de derecha con efecto alto o plano hasta la línea y hacer que la pelota aterrice en la parte más lejana de la cancha. Su compañero o entrenador deberán devolverle tiros cruzados a su revés. Ahora usted deberá hacer un tiro hasta la línea a su revés y ellos le devolverán un tiro cruzado a su derecha. Esta secuencia continuará. Su objetivo será alcanzar intercambio mínimo de 20 pelotas sin fallar. Cada golpe de pelota cuenta como 1. Si falla, deberá comenzar desde cero. Continúe hasta pasar las 20 pelotas siguiendo este patrón de juego. Los tiros planos son aceptados pero este ejercicio es más efectivo si es realizado con tiros altos con efecto.

EJERCICIOS SOBRE Y DEBAJO LA LÍNEA

26. Una persona golpea de derecha con efecto alto sobre la soga mientras que la otra lanza un golpe de derecha cruzado por debajo de la soga

Para este ejercicio debería lanzar sobre la soga un tiro de derecha cruzado con efecto alto o plano y hacer que la pelota aterrice en la parte más lejana de la cancha. Su compañero o entrenador deberán devolverle tiros de derecha cruzados por debajo de la soga a usted. Su objetivo será alcanzar intercambio mínimo de 20 pelotas sin fallar. Si falla, deberá comenzar desde cero. Continúe hasta pasar las 20 pelotas siguiendo este patrón de juego. Los tiros planos son aceptados pero este ejercicio es más efectivo si es realizado con tiros altos con efecto.

54 Ejercicios de Tenis para el juego de hoy

27. Una persona golpea de revés con efecto alto sobre la soga mientras que la otra lanza un golpe de revés cruzado por debajo de la soga

Para este ejercicio debería lanzar sobre la soga un tiro de revés cruzado con efecto alto o plano y hacer que la pelota aterrice en la parte más lejana de la cancha. Su compañero o entrenador deberán devolverle tiros de revés cruzados. Su objetivo será alcanzar intercambio mínimo de 20 pelotas sin fallar. Si falla, deberá comenzar desde cero. Continúe hasta pasar las 20 pelotas siguiendo este patrón de juego. Los tiros planos son aceptados pero

este ejercicio es más efectivo si es realizado con tiros altos con efecto.

28. Una persona golpea de derecha con efecto alto sobre la soga mientras que la otra golpea de revés hasta la línea por debajo de la soga

Para este ejercicio debería lanzar sobre la soga un tiro de derecha con efecto alto o plano hasta la línea y hacer que la pelota aterrice en la parte más lejana de la cancha. Su compañero o entrenador deberán devolverle tiros de revés hasta la línea por debajo de la soga a usted. Su objetivo será alcanzar intercambio mínimo de 20 pelotas sin fallar. Si falla, deberá comenzar desde cero. Continúe hasta pasar las 20 pelotas siguiendo este patrón de juego.

Los tiros planos son aceptados pero este ejercicio es más efectivo si es realizado con tiros altos con efecto.

54 Ejercicios de Tenis para el juego de hoy

29. Una persona golpea de revés con efecto alto sobre la soga mientras que la otra golpea de derecha hasta la línea por debajo de la soga

Para este ejercicio debería lanzar sobre la soga un tiro de revés con efecto alto o plano hasta la línea y hacer que la pelota aterrice en la parte más lejana de la cancha. Su compañero o entrenador deberán devolverle tiros de derecha hasta la línea por debajo de la soga a usted. Su objetivo será alcanzar intercambio mínimo de 20 pelotas sin fallar. Si falla, deberá comenzar desde cero. Continúe hasta pasar las 20 pelotas siguiendo este patrón de juego.

Los tiros planos son aceptados pero este ejercicio es más efectivo si es realizado con tiros altos con efecto.

30. Una persona golpea de revés con efecto alto sobre la soga mientras que la otra golpea de revés cruzado por debajo de la soga

Para este ejercicio debería lanzar sobre la soga un tiro de revés cruzado con efecto alto o plano y hacer que la pelota aterrice en la parte más lejana de la cancha. Su compañero o entrenador deberán devolverle tiros de costado cruzados por debajo de la soga a usted. Su objetivo será alcanzar intercambio mínimo de 20 pelotas sin fallar. Si falla, deberá comenzar desde cero. Continúe hasta pasar las 20 pelotas siguiendo este patrón de juego.

Los tiros planos son aceptados pero este ejercicio es más efectivo si es realizado con tiros altos con efecto.

31. Una persona golpea de derecha con efecto alto sobre la soga mientras que la otra golpea de derecha cruzado hacia adentro y hacia afuera por debajo de la red

Para este ejercicio debería lanzar sobre la soga un tiro de derecha con efecto alto o plano hasta la línea y hacer que la pelota aterrice en la parte más lejana de la cancha. Su compañero o entrenador deberán devolverle tiros de derecha hasta la línea por debajo de la soga a usted. Su objetivo será alcanzar intercambio mínimo de 20 pelotas sin fallar. Si falla, deberá comenzar desde cero. Continúe hasta pasar las 20 pelotas siguiendo este patrón de juego. Los tiros planos son aceptados pero este ejercicio es más efectivo si es realizado con tiros altos con efecto.

CAPÍTULO 3: Ejercicios de puntos

32.   Puntos hasta 10 sólo sobre la soga sin saque

Juegue hasta 10 puntos donde el ganador es quien llega a 10 sólo golpeando por sobre la soga.

33. Puntos hasta 10 sólo por debajo de la soga sin saque

Juegue hasta 10 puntos donde el ganador es quien llega a 10 sólo golpeando por debajo de la soga.

34. Puntos hasta 10 dónde sólo una persona puede tirar sobre la soga mientras que la otra sólo puede lanzar por debajo de la soga sin saque

Juegue hasta 10 puntos donde el ganador es quien llega a 10 sólo golpeando por sobre la soga una de las personas y la otra por debajo de la soga.

35. Puntos hasta 10 (con saque) sobre la soga (el saque pasa por debajo de la soga todas las veces a no ser que esté lanzando un tiro con efecto alto o un golpe fuerte)

Juegue hasta 10 puntos donde el ganador es quien llega a 10 sólo golpeando por sobre la soga y comenzando el punto con un saque que siempre debería pasar por debajo de la soga.

36. Puntos hasta 10 (con saque) por debajo de la soga (el saque por debajo de la soga todas las veces a no ser que usted esté lanzando un tiro con efecto alto o un golpe fuerte)

Juegue hasta 10 puntos donde el ganador es quien llega a 10 sólo golpeando por debajo de la soga y comenzando el punto con un saque que siempre debería pasar por debajo de la soga.

CAPÍTULO 4: EJERCICIOS DE PUNTOS NORMALES SIN SOGA

37. Puntos hasta 10 sin saque sólo con golpes de derecha cruzados

Lance la pelota con la mano a la derecha de su oponente y luego juegue el punto cruzado para que ambos lancen golpes cruzados hasta que uno de los dos gane el punto o uno de ustedes falle y le dé a la red o saque la pelota fuera de la cancha.

Recuerde que si uno de ustedes o ambos son zurdos deberán hacer los ajustes necesarios para este ejercicio. La primera persona en conseguir 10 puntos gana. No existe la estructura de "diferencia por 2 puntos" en estos ejercicios.

38. Puntos hasta 10 sin saque sólo de revés cruzados

Lance la pelota con la mano al revés de su oponente y luego juegue el punto cruzado para que ambos lancen golpes cruzados hasta que uno de los dos gane el punto o uno de ustedes falle y le dé a la red o saque la pelota fuera de la cancha.

Recuerde que si uno de ustedes o ambos son zurdos deberán hacer los ajustes necesarios para este ejercicio. La primera persona en conseguir 10 puntos gana. No existe la estructura de "diferencia por 2 puntos" en estos ejercicios.

39. Puntos hasta 10 sin saque sólo hasta la línea de revés a derecha

Lance la pelota con la mano a la derecha de su oponente y luego juegue el punto hasta la línea para que ambos lancen tiros hasta que uno de los dos gane el punto o uno de ustedes falle y le dé a la red o saque la pelota fuera de la cancha.

Recuerde que si uno de ustedes o ambos son zurdos deberán hacer los ajustes necesarios para este ejercicio. La primera persona en conseguir 10 puntos gana. No existe la estructura de "diferencia por 2 puntos" en estos ejercicios.

40. Puntos hasta 10 sin saque sólo hasta la línea de derecha a revés

Lance la pelota con la mano al revés de su oponente y luego juegue el punto hasta la línea para que ambos sigan lanzando tiros hasta que uno de los dos gane el punto o uno de ustedes falle y le dé a la red o saque la pelota fuera de la cancha.

Recuerde que si uno de ustedes o ambos son zurdos deberán hacer los ajustes necesarios para este ejercicio. La primera persona en conseguir 10 puntos gana. No existe la estructura de "diferencia por 2 puntos" en estos ejercicios.

41. Puntos hasta 10 con saque sólo de derecha cruzados

Lance la pelota con la mano a la derecha de su oponente y luego juegue el punto cruzado para que ambos lancen golpes cruzados hasta que uno de los dos gane el punto o uno de ustedes falle y le dé a la red o saque la pelota fuera de la cancha.

Recuerde que si uno de ustedes o ambos son zurdos deberán hacer los ajustes necesarios para este ejercicio. La primera persona en conseguir 10 puntos gana. No existe la estructura de "diferencia por 2 puntos" en estos ejercicios.

42. Puntos hasta 10 con saque sólo de revés cruzados

Lance la pelota con la mano a la derecha de su oponente y luego juegue el punto hasta la línea para que ambos lancen golpes cruzados hasta que uno de los dos gane el punto o uno de ustedes falle y le dé a la red o saque la pelota fuera de la cancha.

Recuerde que si uno de ustedes o ambos son zurdos deberán hacer los ajustes necesarios para este ejercicio. La primera persona en conseguir 10 puntos gana. No existe la estructura de "diferencia por 2 puntos" en estos ejercicios.

43. Puntos hasta 10 con saque sólo hasta la línea de derecha

Haga un saque a la derecha de su oponente y luego juegue el punto hasta la línea para que ambos lancen golpes cruzados hasta que uno de los dos gane el punto o uno de ustedes falle y le dé a la red o saque la pelota fuera de la cancha.

Recuerde que si uno de ustedes o ambos son zurdos deberán hacer los ajustes necesarios para este ejercicio. La primera persona en conseguir 10 puntos gana. No existe la estructura de "diferencia por 2 puntos" en estos ejercicios.

44. Puntos hasta 10 con saque sólo hasta la línea de revés

Haga un saque hacia el revés de su oponente y luego juegue el punto hasta la línea para que ambos lancen golpes cruzados hasta que uno de los dos gane el punto o uno de ustedes falle y le dé a la red o saque la pelota fuera de la cancha.

Recuerde que si uno de ustedes o ambos son zurdos deberán hacer los ajustes necesarios para este ejercicio. La primera persona en conseguir 10 puntos gana. No existe la estructura de "diferencia por 2 puntos" en estos ejercicios.

45. Puntos hasta 10 donde una persona sólo puede lanzar tiros cruzados y la otra sólo puede lanzar hasta la línea sin saque

Lance la pelota con la mano a la derecha de su oponente y luego juegue el punto cruzado para que ambos lancen golpes cruzados hasta que uno de los dos gane el punto o uno de ustedes falle y le dé a la red o saque la pelota fuera de la cancha.

Recuerde que si uno de ustedes o ambos son zurdos deberán hacer los ajustes necesarios para este ejercicio. La primera persona en conseguir 10 puntos gana. No existe la estructura de "diferencia por 2 puntos" en estos ejercicios.

46. Puntos hasta 10 donde una persona sólo puede lanzar hasta la línea y la otra sólo puede lanzar tiros cruzados sin saque

Lance la pelota con la mano a la derecha de su oponente y luego juegue el punto cruzado para que ambos lancen golpes cruzados hasta que uno de los dos gane el punto o uno de ustedes falle y le dé a la red o saque la pelota fuera de la cancha.

Recuerde que si uno de ustedes o ambos son zurdos deberán hacer los ajustes necesarios para este ejercicio. La primera persona en conseguir 10 puntos gana. No existe la estructura de "diferencia por 2 puntos" en estos ejercicios.

47. Puntos hasta 10 donde una persona sólo puede lanzar tiros cruzados y la otra sólo puede lanzar hasta la línea con saque

Haga un saque a su oponente y luego juegue el punto cruzado mientras su compañero sólo golpea hasta la línea para crear un figura 8. Mantenga la pelota en juego hasta que uno de los dos gane el punto o uno de ustedes falle y le dé a la red o saque la pelota fuera de la cancha.

Recuerde que si uno de ustedes o ambos son zurdos deberán hacer los ajustes necesarios para este ejercicio. La primera persona en conseguir 10 puntos gana. No existe la estructura de "diferencia por 2 puntos" en estos ejercicios.

48. Puntos hasta 10 donde una persona sólo puede lanzar hasta la línea y la otra sólo puede lanzar tiros cruzados con saque

Haga un saque a su oponente y luego juegue el punto cruzado mientras su compañero sólo golpea hacia la línea para crear la figura 8. Mantenga la pelota en juego hasta que uno de los dos gane el punto o uno de ustedes falle y le dé a la red o saque la pelota fuera de la cancha.

Recuerde que si uno de ustedes o ambos son zurdos deberán hacer los ajustes necesarios para este ejercicio. La primera persona en conseguir 10 puntos gana. No existe la estructura de "diferencia por 2 puntos" en estos ejercicios.

49. Puntos hasta 10 sin saque. Complete puntos normales sin seguir ningún patrón de juego.

Lance la pelota con la mano a su oponente y luego juegue el punto normalmente sin seguir ningún patrón de juego. Mantenga la pelota en juego hasta que uno de los dos gane el punto o uno de ustedes falle y le dé a la red o saque la pelota fuera de la cancha.

Recuerde que si uno de ustedes o ambos son zurdos deberán hacer los ajustes necesarios para este ejercicio. La primera persona en conseguir 10 puntos gana. No existe la estructura de "diferencia por 2 puntos" en estos ejercicios.

50. Puntos hasta 10 con saque. Complete puntos normales sin seguir ningún patrón de juego.

Haga un saque a su oponente y luego juegue el punto sin seguir ningún patrón de juego. Mantenga la pelota en juego hasta que uno de los dos gane el punto o uno de ustedes falle y le dé a la red o saque la pelota fuera de la cancha.

Recuerde que si uno de ustedes o ambos son zurdos deberán hacer los ajustes necesarios para este ejercicio. La primera persona en conseguir 10 puntos gana. No existe la estructura de "diferencia por 2 puntos" en estos ejercicios.

51. Juegue un set completo con saque jugando solamente con tiros cruzados mientras su compañero sólo lanza hasta la línea.

52. Juegue un set completo con saque jugando solamente tiros hasta la línea mientras que su compañero sólo lanza tiros cruzados.

53. Juegue un set completo utilizando el patrón de juego que desee.

54. Juegue un partido completo utilizando el patrón de juego que desee.

MÁS TÍTULOS POR JOSEPH CORREA

Programa de entrenamiento de Saque fuerte de tenis

Este DVD le enseñará cómo realizar saques 10-20mph más rápidos con un programa de 3 meses, día a día. El mejor programa de entrenamiento de saques en el mercado. El video incluye un cuadro de entrenamiento de 3 meses y un manual paso a paso. Este DVD le muestra cómo hacer los ejercicios correctamente y el proceso que debería seguir para lograr el éxito en el programa.

Joseph Correa es un tenista profesional y entrenador que ha competido y enseñado por todo el mundo torneos ITF y ATP por varios años. Además de ser un tenista profesional posee la certificación de entrenador profesional de USPTR y la certificación ITF para entrenar niños.

Las 33 leyes del tenis

Las 33 leyes del tenis es un libro repleto de conceptos valiosos del tenis que le ayudarán a ser un mejor y bien preparado tenista. Escrito por un tenista profesional y entrenador de los Estados Unidos. Es un libro muy útil que será de gran ayuda cuando menos lo esperas y le recordará muchas pequeñas pero importantes cosas antes de competir.

Trabajo de pies y cardio para el tenis por Joseph Correa

Joseph Correa es un tenista profesional y entrenador que ha competido y enseñado por todo el mundo torneos ITF y ATP por varios años. Además de ser un tenista profesional posee la certificación de entrenador profesional de USPTR y la certificación ITF para entrenar niños.

Póngase en forma y mejore su movilidad dentro y fuera de la cancha de tenis. Su trabajo de pies mejorará drásticamente, asimismo reforzará su centro y cuerpo superior. Este es definitivamente valioso para un jugador de tenis sin importar su nivel. Será más rápido, más fuerte y más ágil en la cancha. También notará un incremento en la aceleración de sus golpes de piso y sus saques. Creado por un tenista profesional para otros jugadores para que avancen en su juego y ganen más partidos.

Tenis Yoga por Joseph Correa

Tenis Yoga por Joseph Correa es una gran forma de mejorar su flexibilidad y agilidad en la cancha. Alcance más pelotas y sufra menos lesiones. Es una gran manera de ganar más al trabajar en una parte diferente de su juego. El DVD dura aproximadamente 30 minutos. Utilizado por tenistas principiantes y profesionales para mejorar su juego y durar más en los partidos. Esta es la mejor manera para que un tenista sea más flexible y se libere de las más comunes lesiones de espalda, rodilla, hombros, tendones, pantorrilla y cuádriceps. Se alegrará de empezar! Esta es una versión mejorada de nuestra MBS Tenis Yoga 2012.

Abs del tenis por Joseph Correa

Los Abs del tenis es una gran forma de reforzar su centro para saques, golpes derechos y reveses más poderosos, así también como voleas más fuertes. Los abdominales son fundamentales para un juego mejor. Este DVD trabaja con varios tipos de ejercicios, sentadillas, y abdominales laterales y también ejercicios para la espalda que no encontrará en ningún otro video de abdominales. ¡Siéntase con gran confianza cuando se cambia la camiseta durante su partido y golpee la pelota más fuerte!

www.ingramcontent.com/pod-product-compliance
Lightning Source LLC
Chambersburg PA
CBHW070156080526
44586CB00015B/2020